Ludicrous Lanza

Lyn Phillips

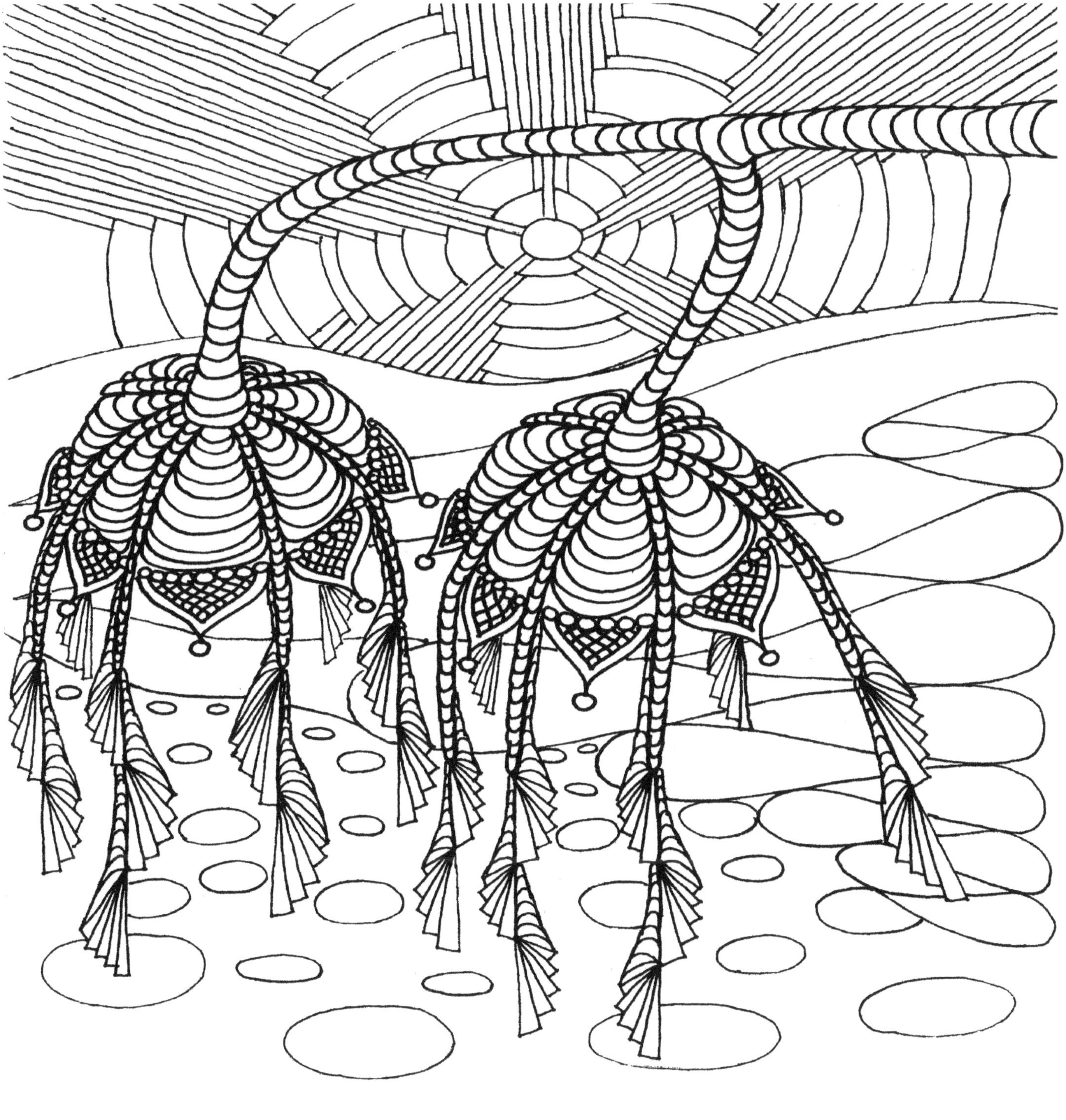

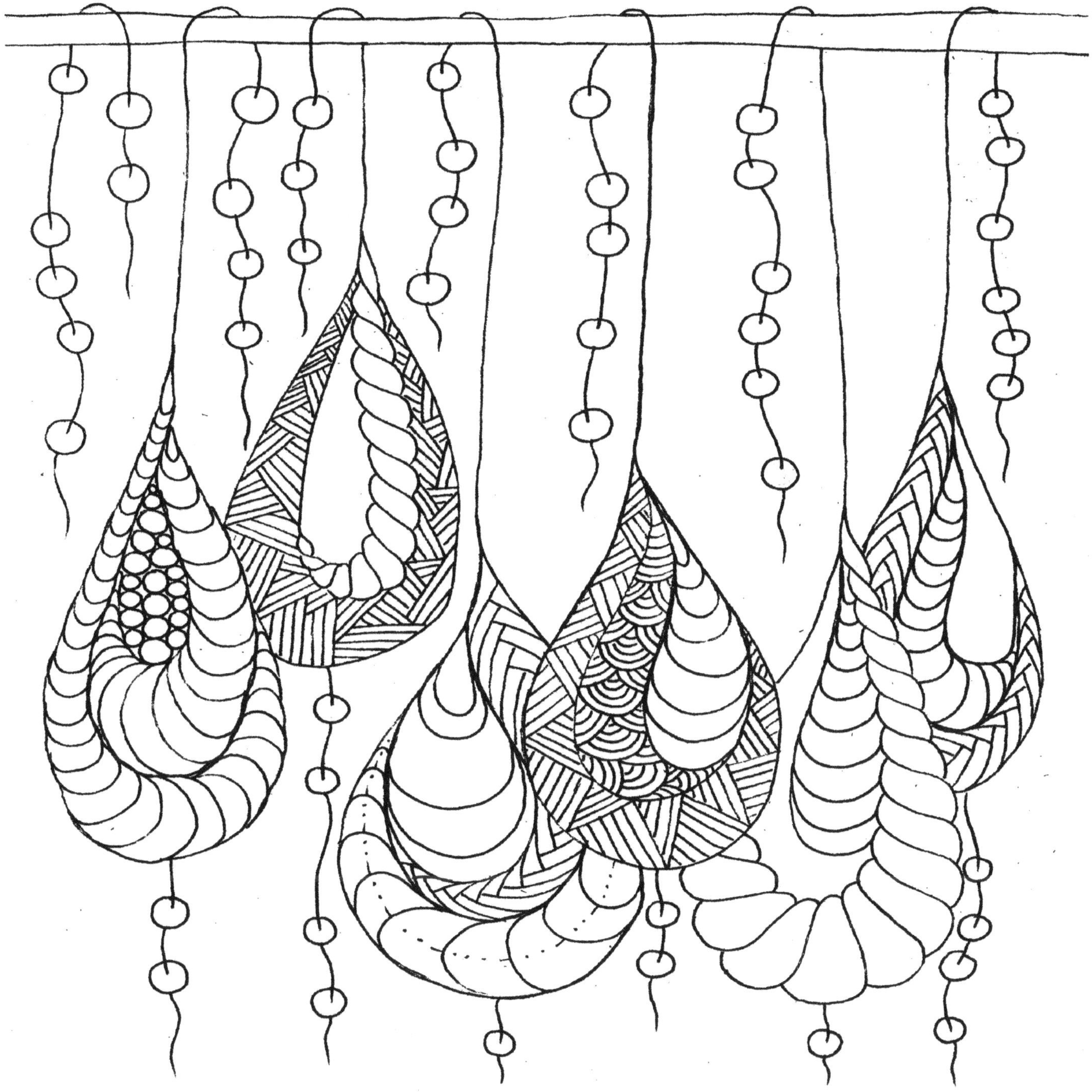

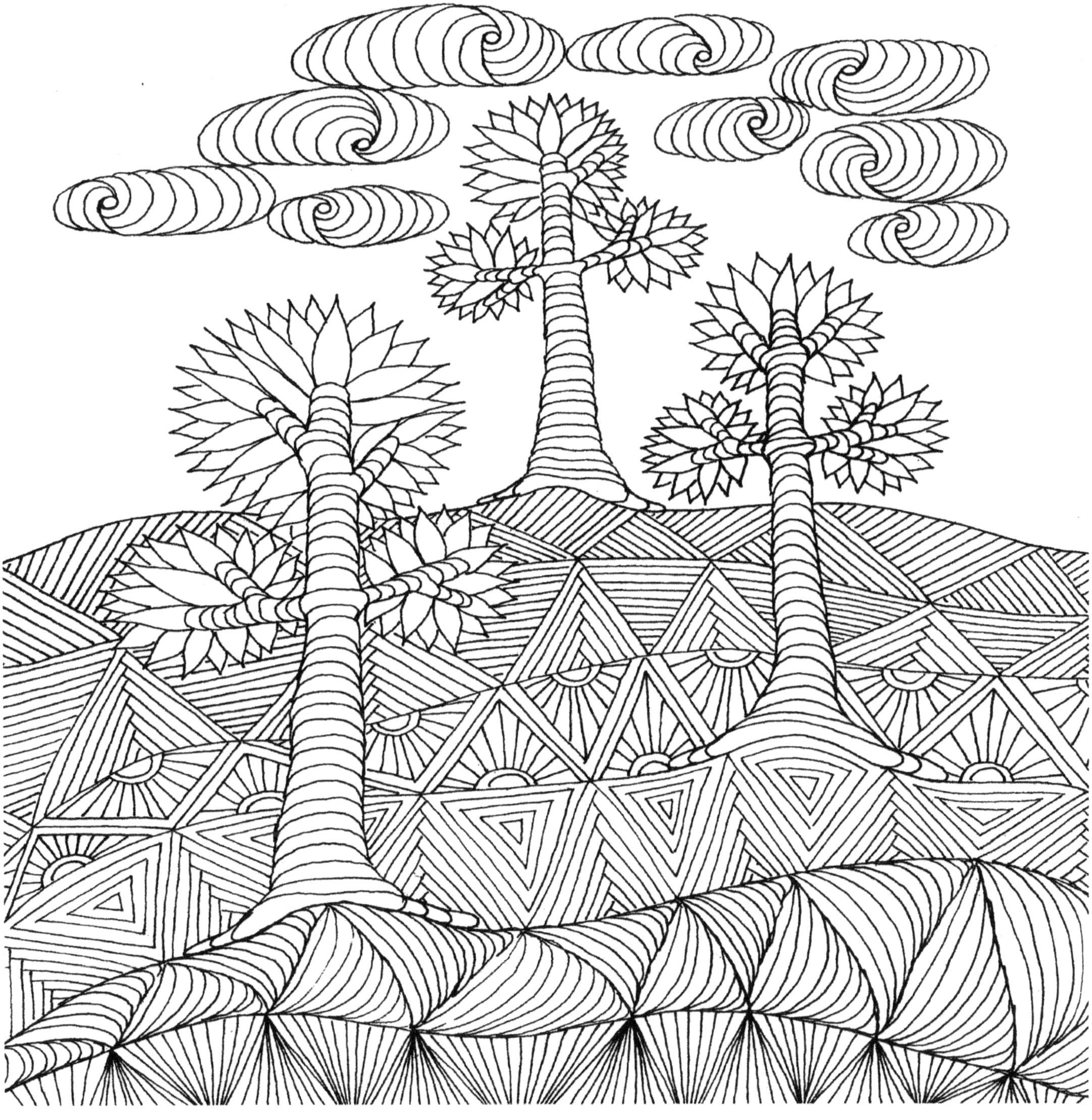

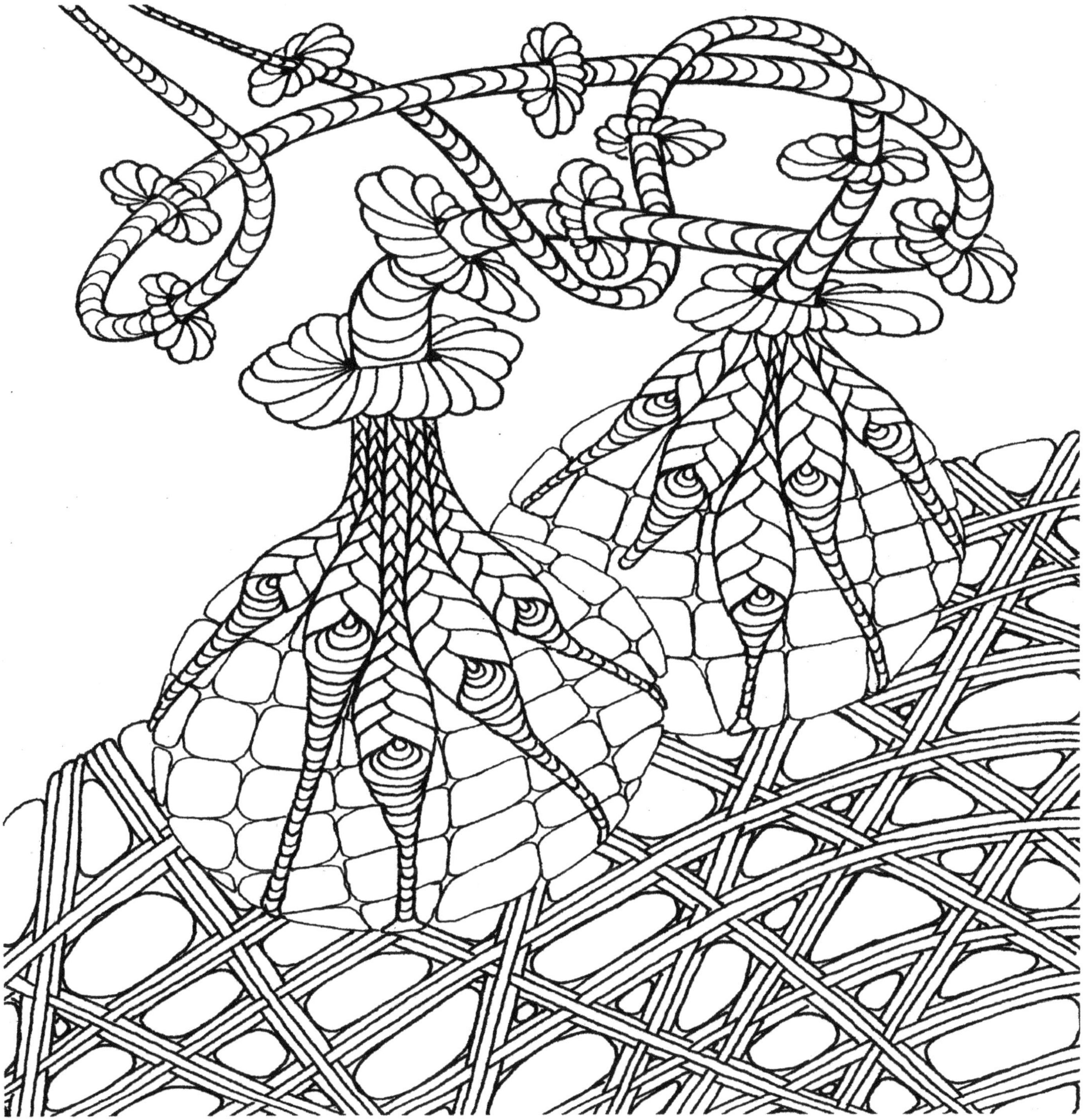

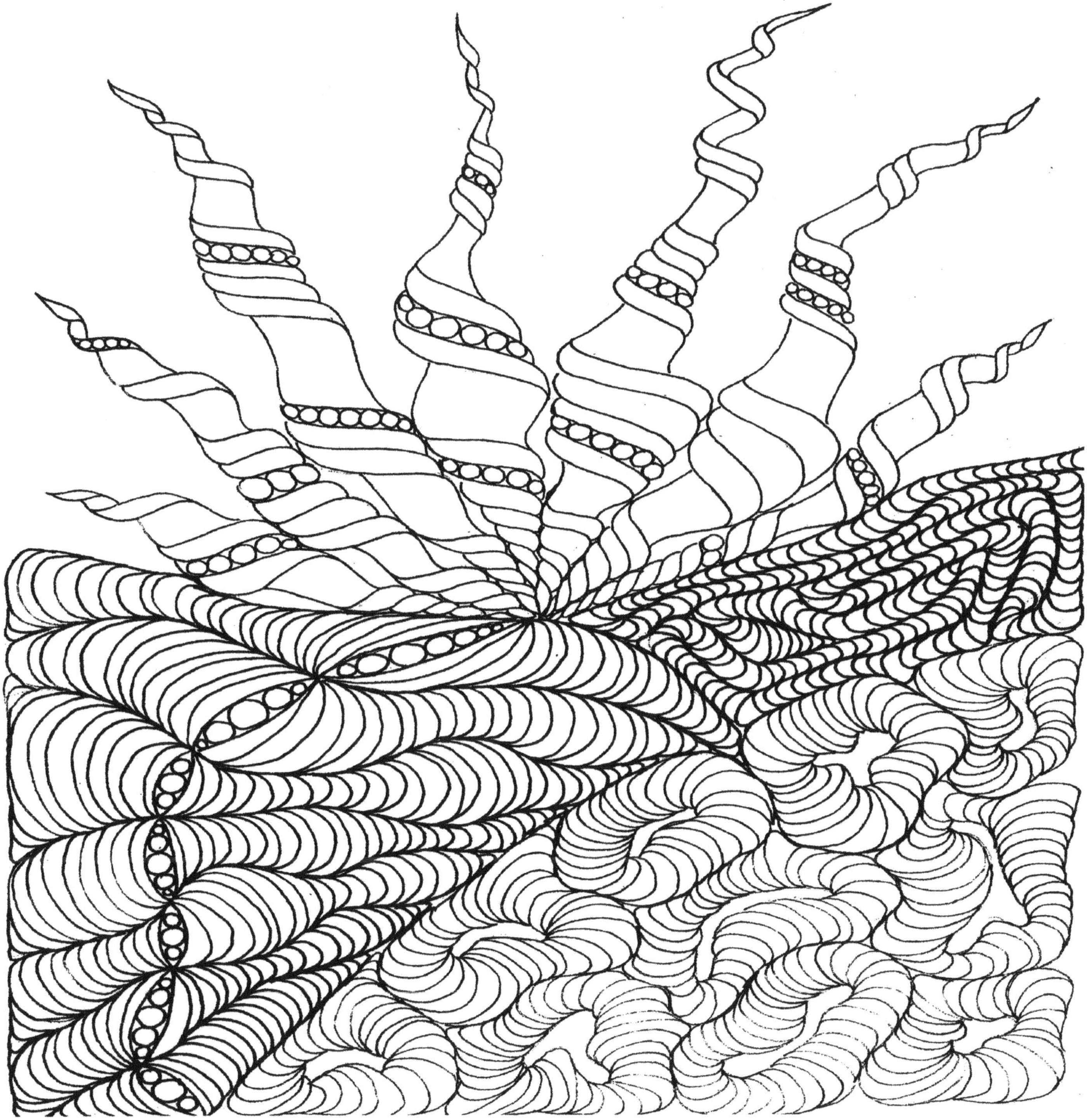

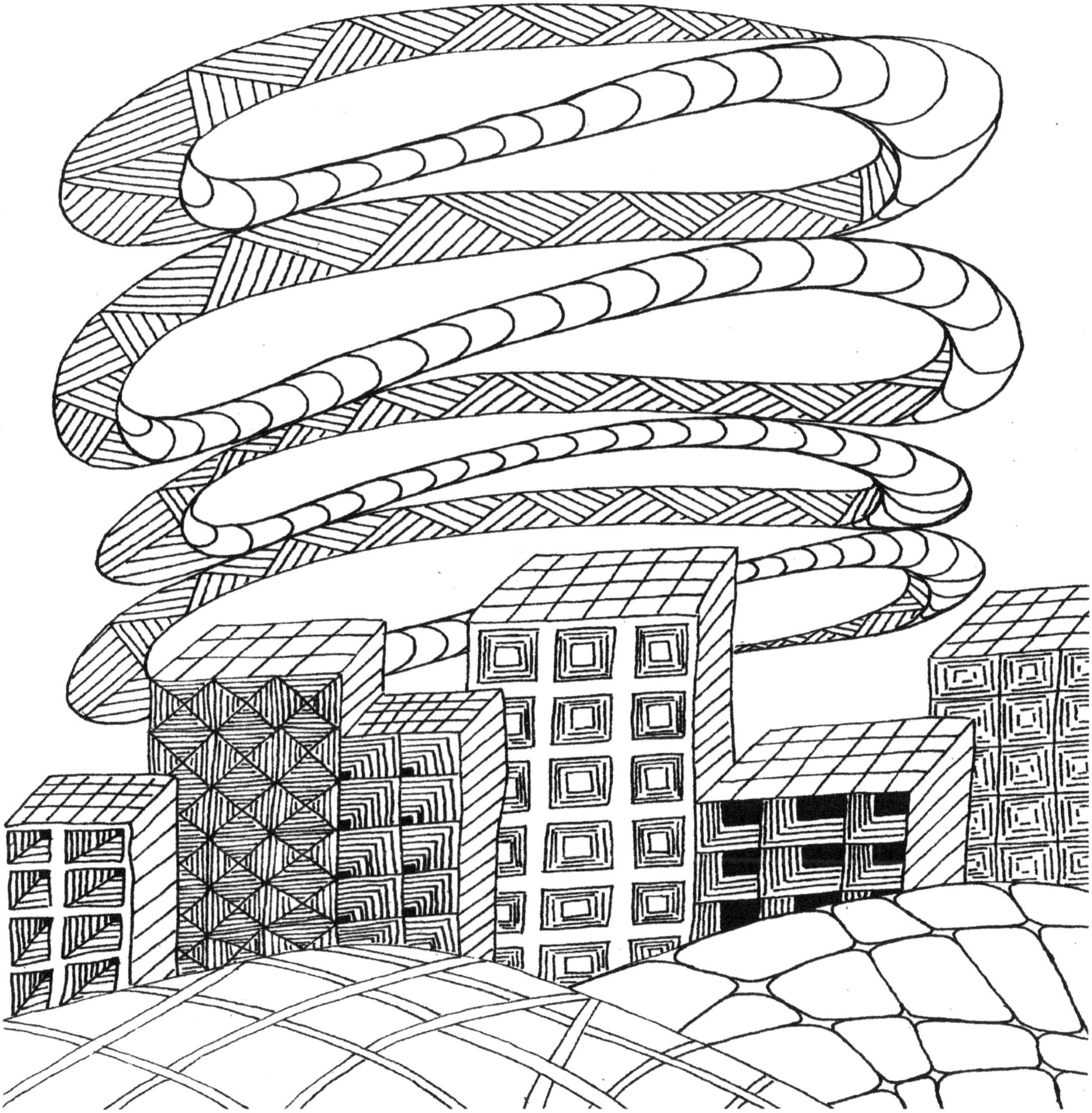

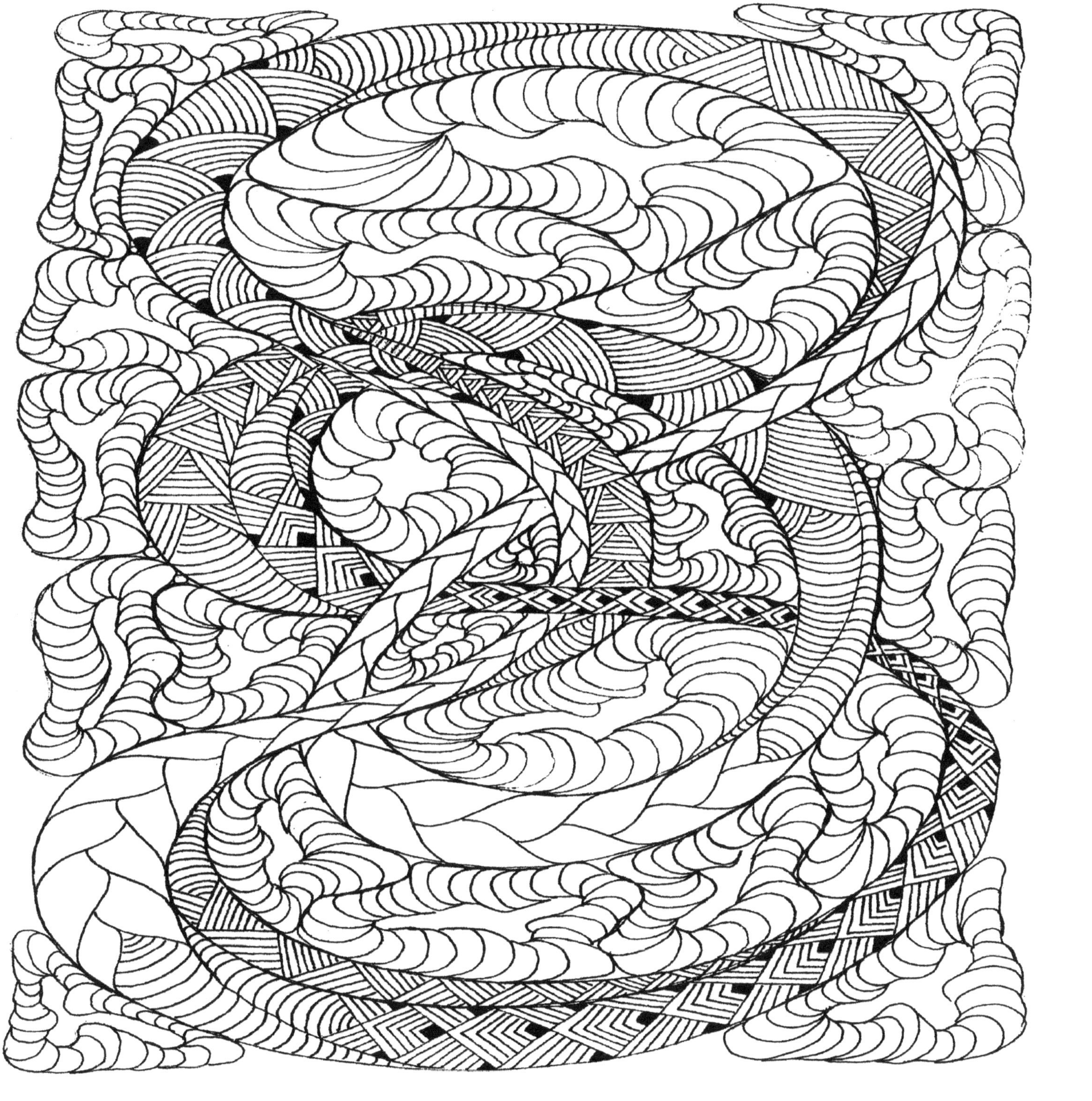

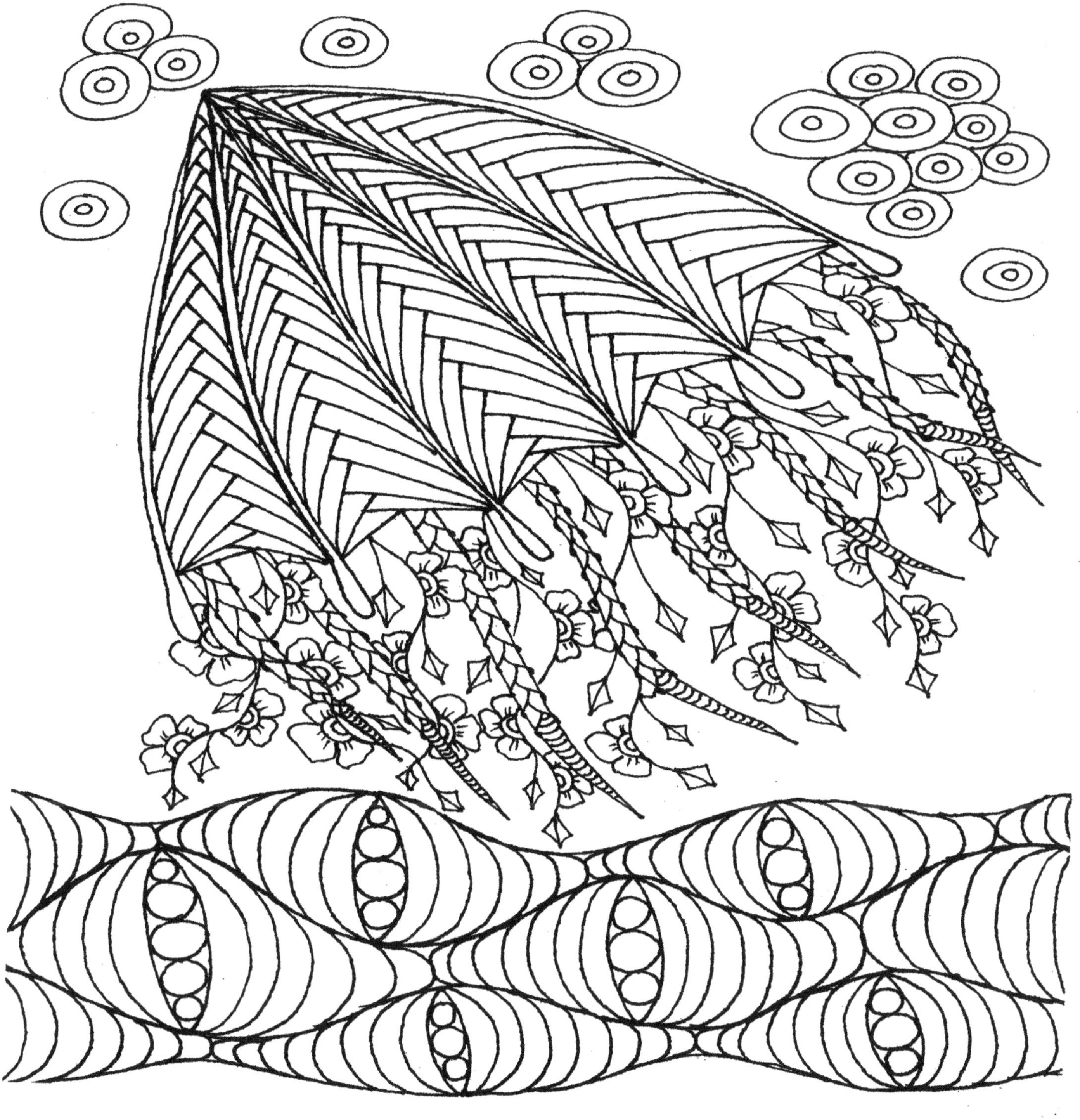

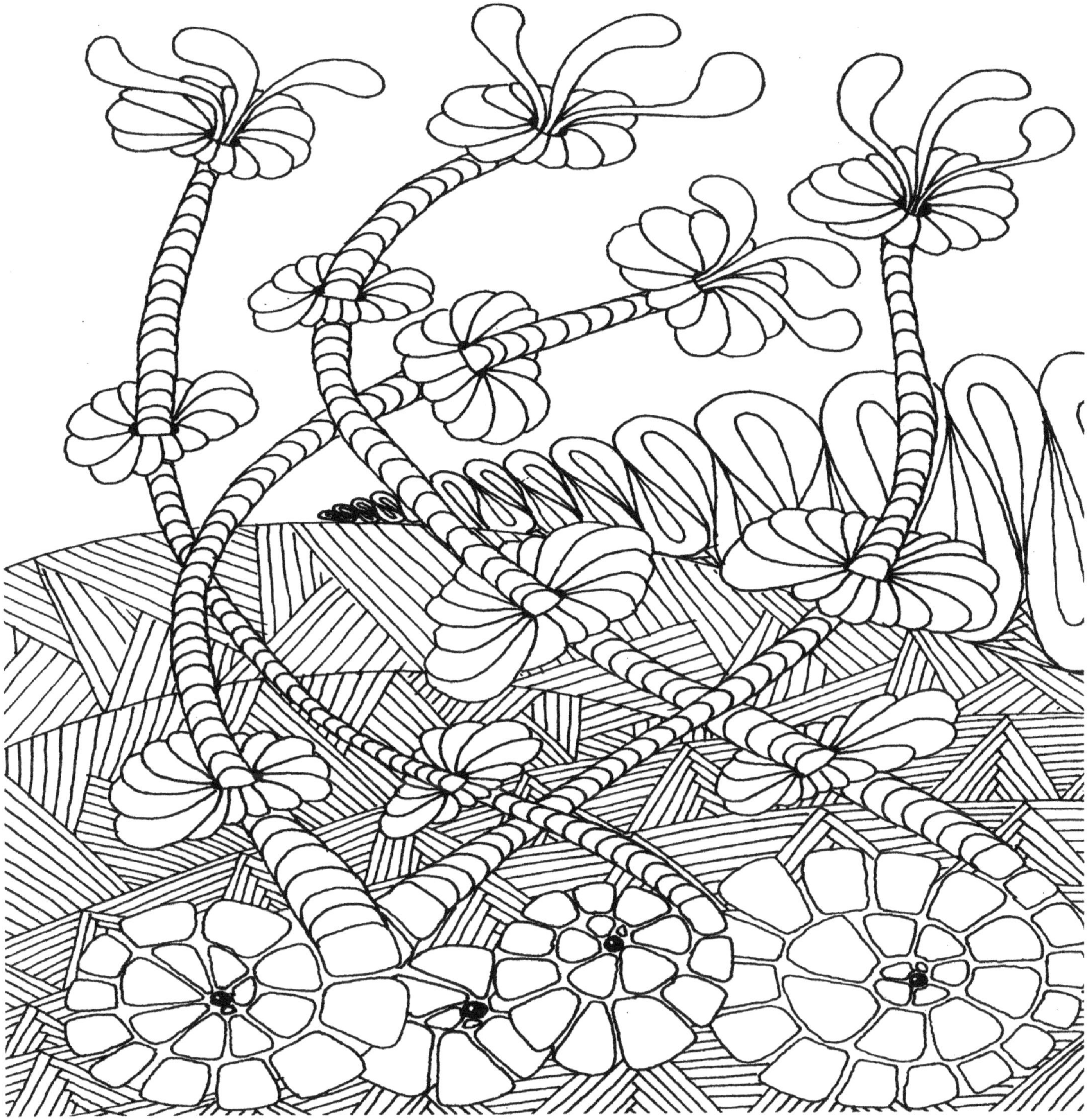

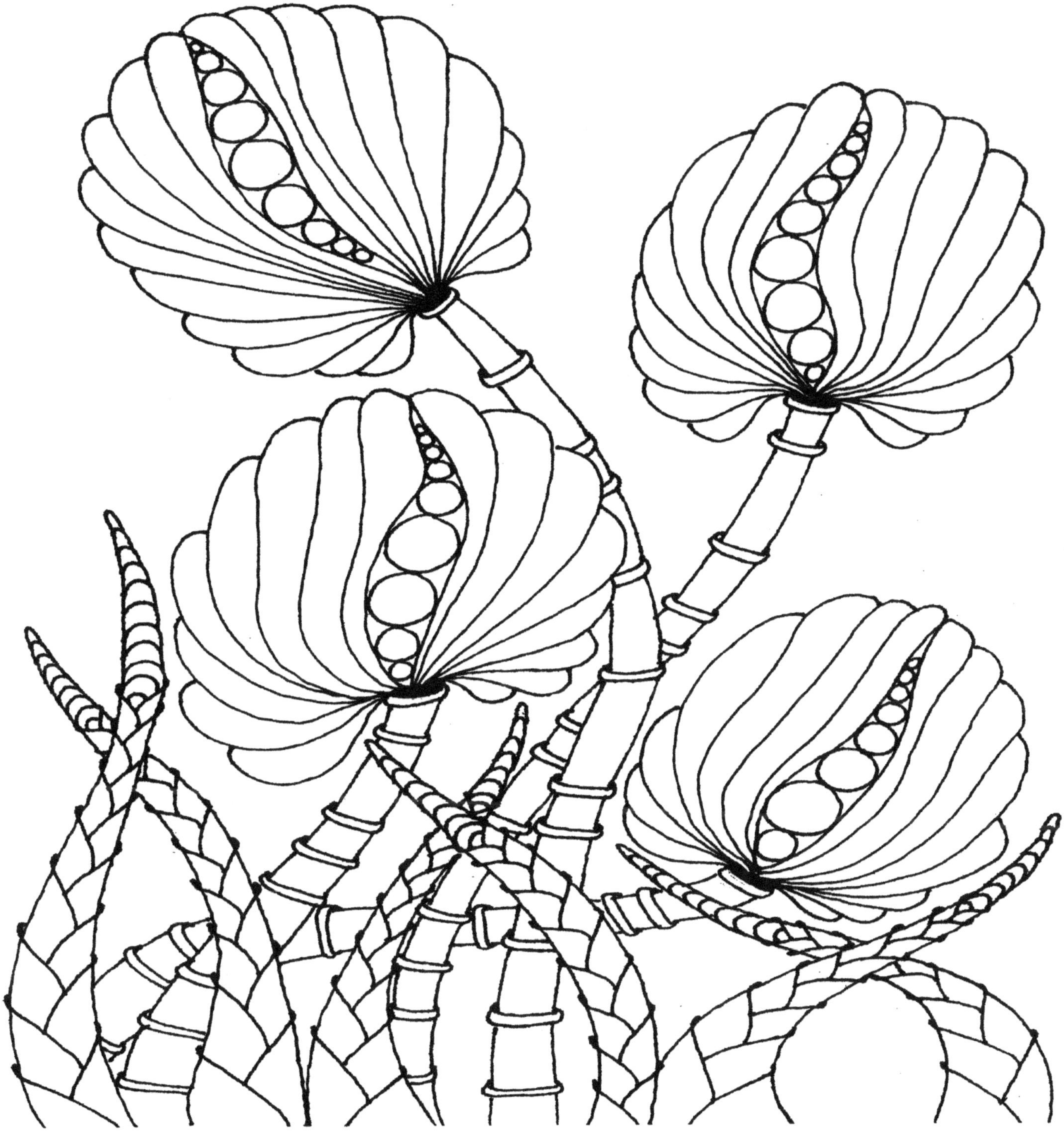

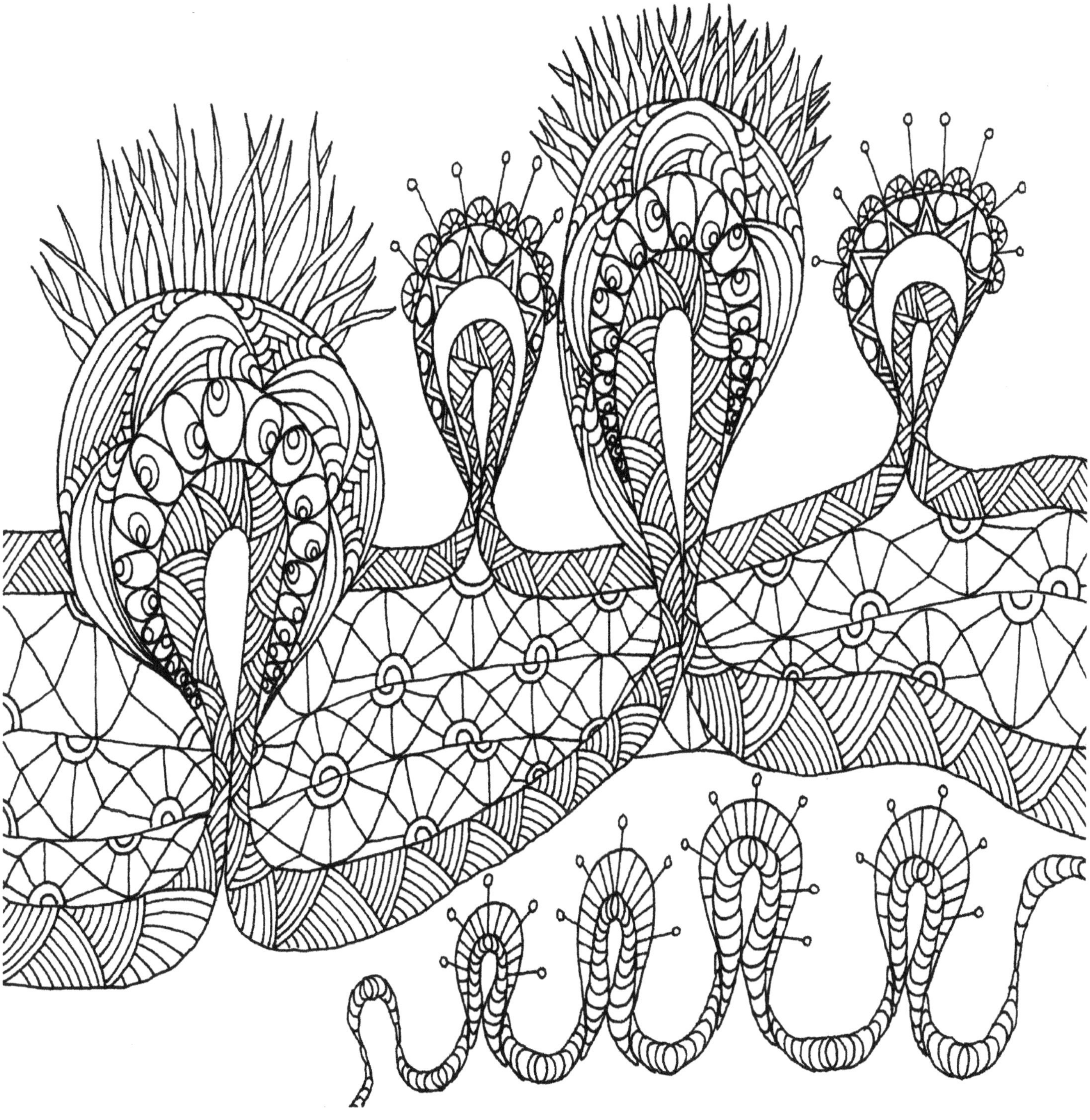

www.ingramcontent.com/pod-product-compliance
Lightning Source LLC
Chambersburg PA
CBHW041638040426
42449CB00022B/3499
9781908135803